SOCIÉTÉ D'ÉMULATION DES CÔTES-DU-NORD

QUELQUES PAROLES

PRONONCÉES DANS LA SÉANCE DU 7 NOVEMBRE ...

À L'OCCASION DE LA MORT DE M.

...OR MICAULT

PAR

M. G. DE LA CHENELIÈRE

Président de la Société d'Émulation.

SAINT-BRIEUC

IMPRIMERIE FRANCISQUE GUYON ...

Rue Saint-Gilles, ...

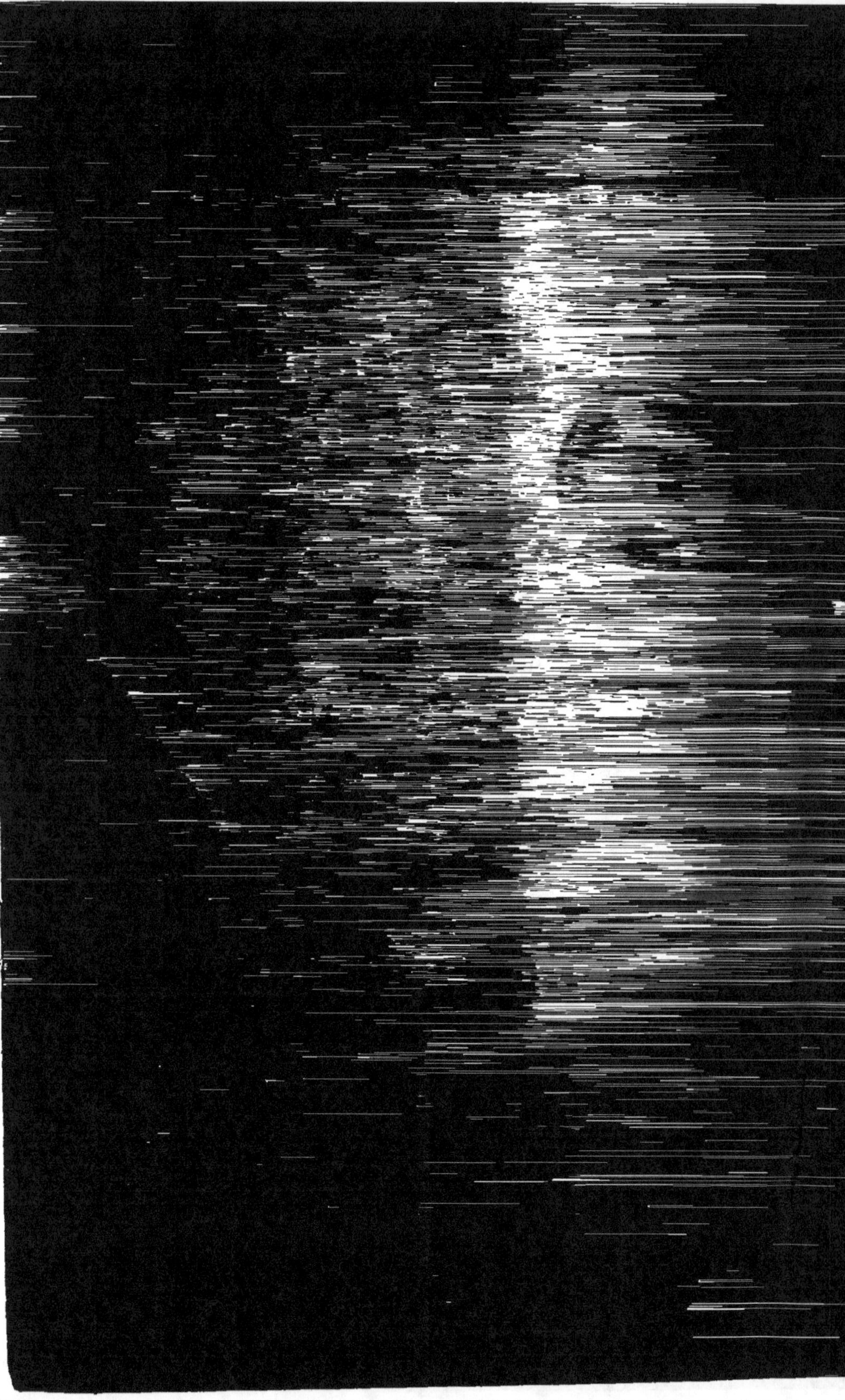

MESSIEURS,

Vous allez entendre, avec un nouveau plaisir et un intérêt tout particulier, la continuation du travail de M. Lamare sur l'Histoire de Saint-Brieuc pendant les 17e et 18e siècles, jusqu'à la Révolution ; mais, avant de lui donner la parole, j'ai la douloureuse mission, en reprenant nos séances, de dire un dernier adieu à l'un de nos plus éminents collègues, M. Victor MICAULT, qui, le 18 août dernier, a été ravi à l'amour de sa famille, à l'affection de ses concitoyens et de ses amis, à la Société d'Émulation.

Non seulement sa mort sera une perte pour notre Compagnie, mais encore pour le département, dont il aurait pu être, sans sa grande modestie, l'un des plus zélés et des plus valeureux représentants, car il n'y comptait que de nombreux amis et n'y avait pas un ennemi.

En effet, lors de sa destitution comme magistrat du Parquet, ceux qui ne partageaient pas ses idées politiques, ceux même qui applaudissaient intérieurement à toutes les exécutions du gouvernement, venaient en foule lui faire leur compliment et lui exprimer les regrets que leur faisait éprouver la mesure que, dans sa *sévérité*, le ministère avait cru devoir prendre contre lui.

Je dis *sévérité*, Messieurs, et cependant ce mot est loin d'exprimer ma pensée, mais il ne m'appartient plus, aujourd'hui, de qualifier cette mesure ; j'aurais l'air, en le faisant, de vouloir venger et plaindre les magistrats nouvellement atteints (1), qui n'ont besoin ni d'être vengés, ni d'être plaints, après les nombreux témoignages d'estime qu'ils ont reçus de tous les gens de bien ; leur destitution sera pour eux la plus glorieuse des pages de leur vie de magistrats.

Si j'avais à plaindre quelqu'un, ce serait ceux qui restent, qui n'ont été conservés, peut-être, que par oubli, ou par calcul. A ceux-là, qu'il ne faut pas confondre avec les favorisés du jour, qui eux sont joyeux et satisfaits, à ceux-là, comme aussi à ceux qui ont été frappés, l'amertume sera grande, et si quelque chose peut l'adoucir, c'est la pensée qu'ils ont droit à l'application de cette parole divine : « Heureux ceux qui souffrent persécution pour la justice. »

(1) Décrets des 5, 15, 23 septembre et 6 octobre 1883, M. Martin-Feuillée, un avocat de Rennes, étant ministre.

Mais ce qu'il m'est bien permis de dire, quoique président d'une Société où la politique est interdite, c'est que je repousse toutes les mesures d'exception, parce que les lois de proscription, funestes sous tous les régimes, quels qu'ils soient, sont surtout regrettables sous un gouvernement qui se dit républicain et démocratique et qui, tous les jours, par les organes de ses ministres, fait parade de son impartialité et de sa haute justice.

Victor MICAULT quittait en 1879 la magistrature, dont il avait été l'un des membres les plus honorables et les plus honorés ; on le chassait au moment où il allait monter le siège pour requérir, avec l'autorité qu'il avait et qui n'a plus, depuis son départ, qu'un caractère historique au tribunal de Saint-Brieuc, contre quelque misérable qui venait d'outrager la société dans ce qu'elle devrait avoir de plus sacré, la pureté d'un enfant ; c'était, en effet, au moment de la session des Assises du mois d'avril qu'il recevait, sans motif apparent, l'ordre, étrange sous un gouvernement qui a la prétention d'être fondé sur la liberté, de quitter ses fonctions : Il était revêtu de sa robe lorsqu'il apprit cette nouvelle, et c'est dans son costume, qu'il devait porter pour la dernière fois, qu'il vint annoncer sa révocation à ses collègues, réunis dans la salle du Conseil. Toutes les mains se tendirent vers lui, tous les cœurs se sentirent profondément ulcérés ; sans dire un mot, sans faire entendre une plainte, il courbait fièrement la tête, et il déposait pour toujours

la toge que lui avait laissée son vénéré père, et à laquelle
tous les deux n'avaient jamais fait la moindre tache et la
moindre souillure, ni avant leur entrée en fonctions, ni
pendant l'accomplissement de leur devoir, qu'ils ont
toujours rempli avec dignité, science, droiture et loyauté.

Victor MICAULT, tour à tour procureur de la République à Loudéac, Dinan et Saint-Brieuc, était un membre
du parquet accompli, qui, loin des entraînements, se
consacrait tout à ses fonctions, et il était de cette phalange
qui ne peut disparaître sans que le corps entier auquel
elle appartient n'en soit amoindri.

Honneur au magistrat noblement tombé !

Comme archéologue, comme savant, Victor MICAULT
se livrait avec ardeur au travail. Vous avez tous entre
les mains les bulletins de notre compagnie ; ils sont
remplis de Mémoires de lui, d'une importance considérable (1), et le volume de 1883, qui vous sera distribué

(1) Note sur un mica chromifère, trouvé dans la commune de
Plancoët, 1872 ; — Atelier préhistorique du bois du Rocher, en
Pleudihen, 1872 ; — les stations humaines du Mont-Dol et du Bois-
du-Rocher, 1873 ; — Note sur des bracelets en or trouvés à
Créhen, 1874 ; — Emploi de l'oxide de plomb dans les analyses
qualitatives au chalumeau, et principalement dans les essais de
minerais de cuivre, 1876 ; — Discussion sur divers chronomètres
fournis par la géologie pour mesurer l'antiquité de l'homme, 1876 ;
— des Origines de l'homme, 1876 ; — Rapport sur un disque et un
anneau en or trouvés à Maël-Pestivien, 1877 ; — la Métallurgie du
fer dans l'antiquité, 1877 ; — Essais qualitatifs de l'acide tungs-
tique et de divers tungstates naturels, 1878 ; — Examen de pein-
tures trouvées dans des ruines romaines, à la Grand'-Ville, en
Hillion, 1878 ; — Les habitants des cités lacustes de l'âge de la

en janvier prochain, comprendra une de ses plus laborieuses études, à laquelle la maladie ne lui a pas permis de mettre la dernière main, et qu'il m'avait chargé de compléter, avec des notes qu'il m'avait remises peu de temps avant sa mort.

Son nom, comme savant, comme érudit, n'était pas seulement connu en Bretagne ; partout sa science était admirée, et souvent des Revues répandues dans le monde entier ont cherché à l'attirer à elles, pour avoir l'honneur de publier les premières ses magnifiques travaux. Il a toujours refusé ; c'est à notre compagnie seule qu'il a voulu réserver toutes ses œuvres, et consacrer tout son temps.

A la fin de l'année 1877, qui avait vu mourir notre fondateur et son oncle, M. Geslin de Bourgogne, vous l'aviez nommé vice-président de notre Société. Ce n'était pas la place qu'il aurait dû occuper parmi nous, mais à cette époque, il avait résisté à toutes mes sollicitations, à toutes mes prières, et même depuis, je n'ai pu vaincre sa volonté. Heureusement, il était toujours prêt à aider de ses conseils celui à qui vous avez donné la première place, quoiqu'il ne la méritât pas ; aussi sa mort laissera

pierre, 1879-1880 ; — Exploration d'un tumulus de l'âge du fer, en Cavan, 1880 ; — Note sur des haches en jadéite, 1880 ; — Détermination de l'âge de quelques tumulus en Bretagne, 1881 ; —· Description d'épées et de poignards découverts en S.-Brandan 1882 ; — Catalogue des épées et poignards trouvés dans les départements des Côtes-du-Nord, du Finistère et de l'Ille-et-Vilaine, 1883.

toujours un grand vide autour de moi, mais surtout pendant le peu de temps que j'ai encore à passer parmi vous.

Honneur au savant, au travailleur intrépide !

Honneur encore à l'ami dont la fidélité était à toute épreuve !

Honneur au citoyen dont la loyauté était parfaite, la sincérité absolue, la bienveillance exquise, le dévouement sans bornes à toutes les grandes et saintes entreprises. Sa modestie le portait à se trop effacer, mais ceux qui comme moi l'ont connu, savent qu'il avait toutes les qualités qui font l'homme de bien, dans l'acception la plus pure de ce mot, et l'on peut dire que Victor MICAULT est du nombre de ces hommes rares qui seront regrettés toujours.

Un autre deuil est venu frapper, quinze jours après, cette famille déjà bien éprouvée. Vous vous rappelez tous, Messieurs, la fille de notre regretté président, Mlle Cécile GESLIN DE BOURGOGNE, dont la voix si douce et si pleine de charme a pendant longtemps embelli nos concerts. Sa grande jeunesse n'a pu vaincre la maladie cruelle qui a miné son corps sans avoir pu abattre son courage. Malgré ses grandes souffrances, elle a conservé jusqu'à la fin cette grâce et cette gaieté qui étaient la joie de sa famille. Par un dévouement sublime pour les siens, elle dissimulait avec un soin pieux le danger qui la menaçait et dont elle sentait l'approche, et c'était elle qui consolait ceux qui l'entouraient, en leur faisant espérer une guérison qu'elle n'entrevoyait plus, déjà depuis longtemps.

Dieu, dans sa sagesse, lui a épargné les déchirements toujours affreux de la dernière séparation. Cette pauvre jeune femme s'est éteinte comme une lampe à qui l'huile fait défaut, sans secousse et sans s'en apercevoir, et, le 1er septembre dernier, elle était ravie à une grande affection, à un grand amour.

Nous prenons une vive part à la douleur de M. Legros, son mari, et de ses quatre petits enfants, de Mme Geslin de Bourgogne, sa mère, de MM. et Mlle Geslin de Bourgogne, ses frères et sœurs, et nous leur adressons l'expression sincère de toute notre sympathie.

Cette année, la liste de nos morts a été longue : MM. COLLIN-PORTJÉGOUX, Sylvain DUVAL, HERPE, HERVÉ, HINAULT, nous ont aussi été enlevés. Que leurs familles reçoivent l'assurance de tous nos regrets !

Messieurs, en honorant ses membres dévoués, et surtout ses morts, une Société ne peut que se faire honorer elle-même.

Je vous propose d'inscrire à vie, en tête de nos Bulletins, le nom de Victor MICAULT, et de faire frapper une médaille de vermeil qui, avec tous nos regrets, sera

transmise à son vénéré père, et sur laquelle nous ferons graver ces simples mots : A la mémoire de Victor MICAULT, vice-président de la Société, décédé le 18 août 1883.

L'Assemblée, après de nombreux et sympathiques applaudissements, accueille avec acclamation la proposition de son président.

En conséquence, M. le Président déclare que le nom de Victor MICAULT sera inscrit à vie en tête de ses Bulletins et qu'une médaille de vermeil sera frappée à la mémoire de son regretté vice-président.

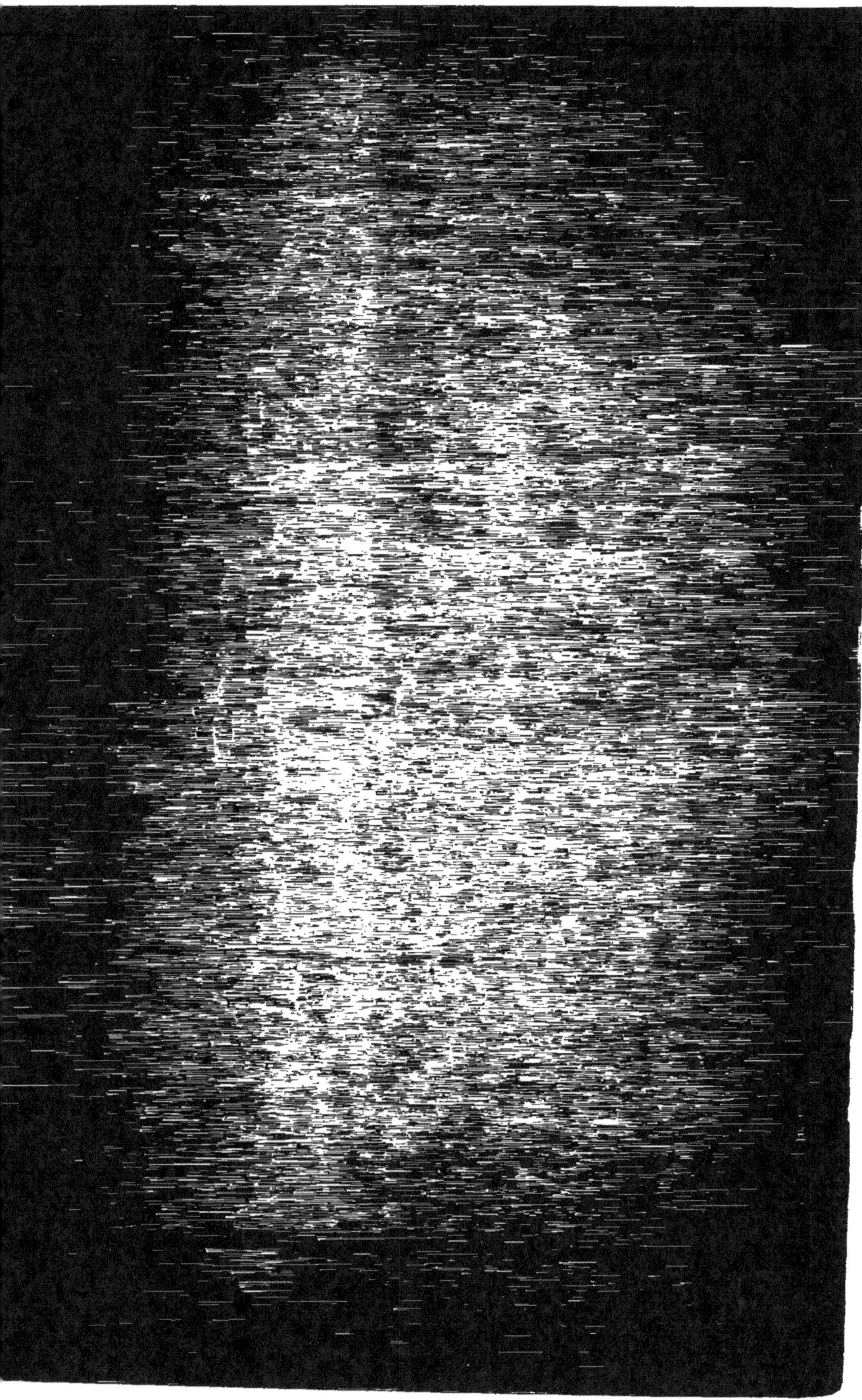

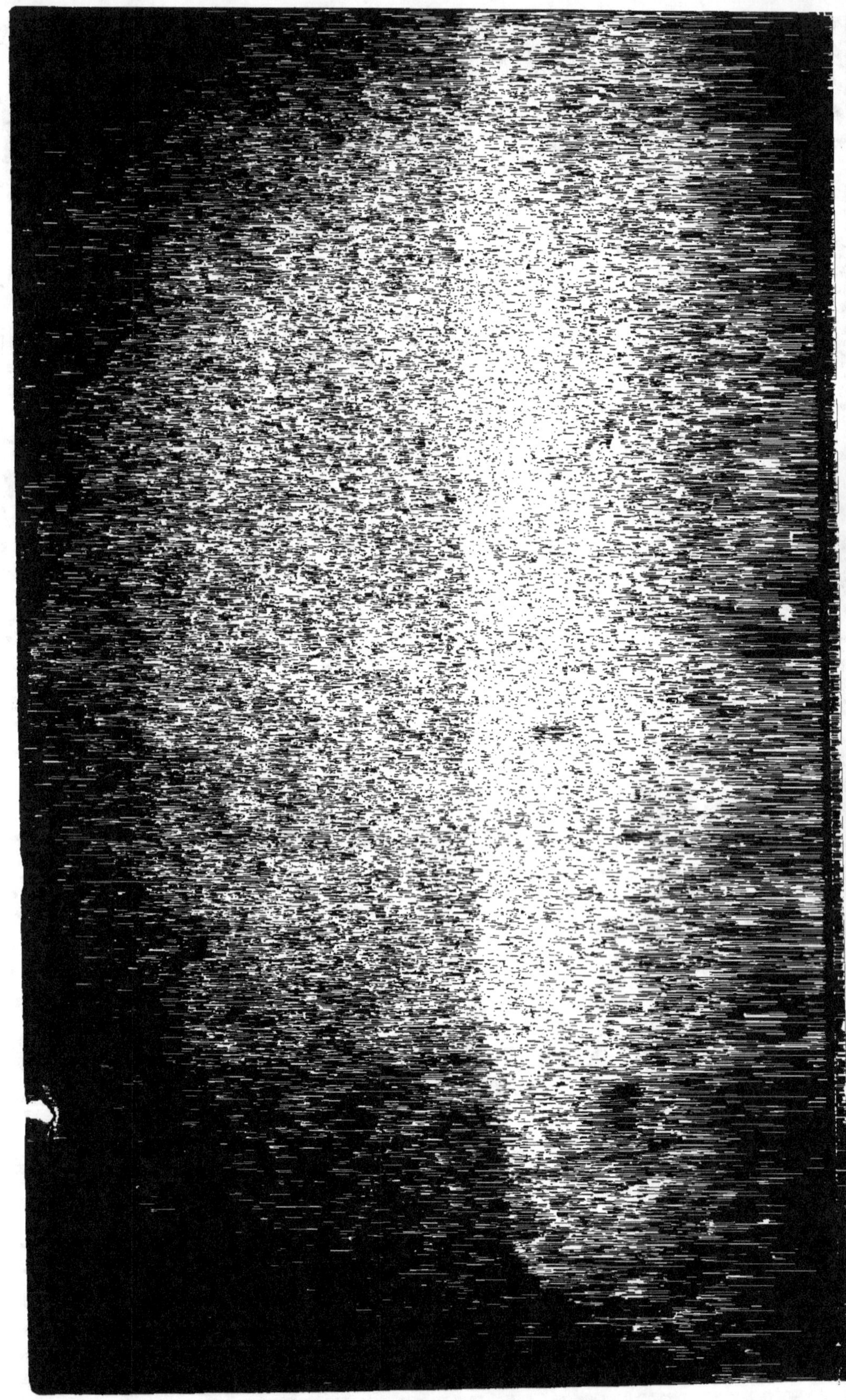

www.ingramcontent.com/pod-product-compliance
Lightning Source LLC
LaVergne TN
LVHW050253030726
842520LV00006B/2346